VERDADE
E AMOR

FRANCISCO CÂNDIDO XAVIER

VERDADE
E AMOR

ESPÍRITOS DIVERSOS

Copyright © 2014 *by*
FEDERAÇÃO ESPÍRITA BRASILEIRA – FEB

Direitos licenciados pelo Centro Espírita União à
Federação Espírita Brasileira
Centro Espírita União — CEU
Rua dos Democratas, 527 - Jabaquara
CEP 04305-000 – São Paulo (SP) – Brasil

1ª edição – 2ª impressão – 10 mil exemplares – 5/2015

ISBN 978-85-7328-833-9

Todos os direitos reservados. Nenhuma parte desta publicação pode ser reproduzida, armazenada ou transmitida, total ou parcialmente, por quaisquer métodos ou processos, sem autorização do detentor do *copyright*.

FEDERAÇÃO ESPÍRITA BRASILEIRA – FEB
Av. L2 Norte – Q. 603 – Conjunto F (SGAN)
70830-106 – Brasília (DF) – Brasil
www.febeditora.com.br
editorial@febnet.org.br
+55 61 2101 6198

Pedidos de livros à FEB
Gerência comercial – Rio de Janeiro
Tel.: (21) 3570-8973/ comercialrio@febnet.org.br
Gerência comercial – São Paulo
Tel.: (11) 2372 7033/ comercialsp@febnet.org.br
Livraria – Brasília
Tel.: (61) 2101 6184/ falelivraria@febnet.org.br

Texto revisado conforme o Novo Acordo Ortográfico.

Dados Internacionais de Catalogação na Publicação (CIP)
(Federação Espírita Brasileira – Biblioteca de Obras Raras)

X3v   Xavier, Francisco Cândido, 1910-2002
        Verdade e amor / Espíritos diversos; [psicografado por] Francisco Cândido Xavier. – 1. ed. 2. imp. – Brasília: FEB; São Paulo: CEU, 2015.

        115 p.; 21 cm

        ISBN 978-85-7328-833-9

        1. Espiritismo. 2. Obras psicografadas I. Federação Espírita Brasileira. II. Título.

CDD 133.93
CDU 133.7
CDE 80.03.00

SUMÁRIO

VERDADE E AMOR – DESDE PEDRO LEOPOLDO...9

1 PAI NOSSO 12
EMMANUEL

2 NOSSA MÃE 14
CORNÉLIO PIRES

3 VERDADE E AMOR 16
EMMANUEL

4 MÃE E FILHO 20
JÚLIO MONTEIRO

5 PRECE 22
EMMANUEL

6 MENSAGEM PARA JESUS 26
MARIA DOLORES

7 AMOR E VERDADE 28
EMMANUEL

8 SEGUINDO ADIANTE 32
EMMANUEL

9 SÚPLICA DE FILHO 36
LUIZ MENDES

10 MENSAGEM 38
PLÍNIO

11 MEU FILHO 40
EPIPHANIO LEITE

12 PRECE A JESUS 42
EMMANUEL

13 DESENCONTRO 44
ANTÔNIO GOMES

14 VIDA ETERNA 48
LINCOLN

15 NATAL E JESUS 50
MARIA DOLORES

16 CENTRO ESPÍRITA LUIZ GONZAGA 52
NEIO LÚCIO

17 O NOME DE JESUS 56
MARIA DOLORES

18 A DOENÇA E A JUSTIÇA 58
EMMANUEL

19 NATAL NO TEMPO 62
MARIA DOLORES

20 DEDICAÇÃO 64
EMMANUEL

21 ROSALVO 70
JAIR PRESENTE

22 COUSAS DO CARNAVAL 74
IRMÃO X

23 RECADO DA VIDA 80
MARIA DOLORES

24 RIQUEZA E FRATERNIDADE 84
EMMANUEL

25 ENTREVISTA EM PEDRO LEOPOLDO 88
CHICO XAVIER

26 GRANDE PÁTRIA 94
PEDRO D'ALCÂNTARA

27 RECONCILIAÇÃO 96
EMMANUEL

28 PRECE 100
MARIA DOLORES

29 EM FAVOR DA PAZ 102
EMMANUEL

30 FORTALEZA, DEUS TE ABENÇOE 106
EUGÊNIO DETALONDE

31 EM TORNO DO LIVRO *BOA NOVA* 108
EMMANUEL

32 FACES DO DINHEIRO 110
LUIZ DE OLIVEIRA

33 NA TERRA 112
EMMANUEL

34 PRECE 114
EMMANUEL

VERDADE E AMOR – DESDE PEDRO LEOPOLDO...

Na simplicidade da maneira de ser e na clareza das mensagens psicográficas, Chico Xavier é um referencial de paz e amor.

Das mensagens incluídas neste livro, emergem conteúdos de sabedoria e de iluminação. As orientações que emanam dos benfeitores espirituais — fundamentados nos ensinos do Cristo — favorecem a concretização da proposta de uma humanidade melhor.

Verdade e amor — obra inédita — reúne páginas assinadas por diversos Espíritos, principalmente Emmanuel. Várias delas foram psicografadas nos tempos de Pedro Leopoldo. Destacamos o capítulo histórico referente à nova sede do Centro Espírita Luiz Gonzaga, com mensagem do ano de 1949, na qual Neio Lúcio anota:

> Quanto aos programas do Centro de Pedro Leopoldo, não suponham vocês que nos apossaremos dele tão somente depois da inauguração de suas paredes materiais. Desde o dia que marcou a determinação do local, com os termos de aquisição e escritura, já nos achamos em tarefa viva por delinear-lhe os 'contornos espirituais', com vistas aos nossos objetivos. [...] Abrem-se novos campos. Outros horizontes se desdobram.

Os originais — inéditos — dessa nova obra se encontravam com o casal Nena e Francisco Galves, amigos e hospedeiros de Chico Xavier em São Paulo (SP). Mantemos contatos com o laborioso casal desde o tempo de nossas visitas a Chico Xavier na Comunhão Espírita Cristã e Grupo Espírita da Prece, em Uberaba (MG), e nos eventos no Centro Espírita União (SP), conhecidos como Feiras da Boa Vontade, com a presença do médium. O conhecimento e o respeito com os companheiros favoreceram a possibilidade do convênio, em março de 2014, para reedições, numa parceria da

Editora Cultura Espírita União com a FEB Editora, de 65 livros da lavra mediúnica de Chico Xavier e dois lançamentos inéditos: o presente livro e *Fé e vida,* editado em outubro de 2014.

A essa altura torna-se oportuna a transcrição de trecho de mensagem de Emmanuel dirigida "aos amigos do Centro Espírita Luiz Gonzaga", em 1956:

> [...] um patrimônio de ideias que vem sendo produzido com destino à Federação Espírita Brasileira que, representando a *Casa-Máter* de nossa Doutrina, no Brasil, nos merece o mais amplo acatamento e incondicional cooperação.[1]

A presente obra transborda sentimento:

> Senhor Jesus, que nos deste o Amor Maior; coloca por misericórdia, a compaixão em nossas almas, para que exerçamos a bondade e a compreensão, auxiliando-nos uns aos outros, em teu Nome – Emmanuel.

Desejamos aos leitores uma boa incursão nas reflexões sobre a *verdade* e a *luz*!

BRASÍLIA, 23 DE FEVEREIRO DE 2015.

ANTONIO CESAR PERRI DE CARVALHO

PRESIDENTE DA FEB[2]

---

1 XAVIER, Francisco Cândido. *Fé e vida.* Cap. 21. 1.ed. Brasília: FEB; CEU, 2014.
2 N.E.: Até 21 de março de 2015.

CAPÍTULO 1

PAI NOSSO

"PEDRO LEOPOLDO (MG), [19–?].

Nosso Pai que estás em toda parte;

Santificado seja o Teu Nome, no louvor de todas as criaturas;

Venha a nós o Teu reino de Amor e Sabedoria.

Seja feita a Tua Vontade, acima dos nossos desejos, tanto na Terra, quanto nos círculos espirituais.

O pão nosso do corpo e da mente dá-nos hoje.

Perdoa as nossas dívidas ensinando-nos a perdoar nossos devedores com esquecimento de todo mal.

Não permitas que venhamos a cair sob os golpes da tentação de nossa própria inferioridade.

Livra-nos do mal que ainda reside em nós mesmos; porque só em Ti brilha a Luz eterna do reino do Poder, da Glória e da Paz, da Justiça e do Amor para Sempre!

Assim seja!

EMMANUEL

CAPÍTULO 2

NOSSA MÃE

"GRUPO ESPÍRITA DA PRECE, UBERABA (MG), 21 DE FEVEREIRO DE 1998.

Certa Mulher existe em nosso mundo,
Anjo do nosso pão de cada dia,
Ela foi ver-me quando eu mais sofria,
Inspirada no Amor puro e profundo.

Desejo retratá-la e me confundo,
A palavra terrestre não me guia.
Veio estender-me luz e a dor fugia...
Ao lembrá-la de bênçãos me circundo.

Levantei-me e indaguei: — Ah!... Quem seria?
Alguém da Terra que eu não conhecia?
Sei que era um Anjo em estrelas de Luz!...

Um mendigo me disse: — Era Maria...
Céus!.. eu vira a Nossa Mãe e não sabia,
Era sim, Nossa Mãe, Mãe de Jesus!...

Cornélio Pires

CAPÍTULO 3

VERDADE E AMOR

" PEDRO LEOPOLDO (MG), 13 DE FEVEREIRO DE 1956.

Recorda o procedimento de Jesus, que possuía no coração a própria verdade, em si, na apreciação dos companheiros que lhe partilhavam a marcha, a fim de que o teu conhecimento relativo dessa mesma verdade não se desmande em crueldade e destruição.

Surpreendido pela aproximação da Madalena, a irmã possuída por sete gênios sombrios, não se entrega a acusações e lamentos, com respeito à sua conduta passada, mas sim, descerra-lhe ao espírito de mulher os horizontes da abnegação pura e sublime...

Diante de Zaqueu, o proprietário egoísta, não lhe fustiga o rosto com reprimendas, mas revela-lhe ao mundo íntimo a beleza do trabalho e da generosidade que estendem o bem com estímulo santo...

Incompreendido por Judas, o discípulo invigilante, não o expulsa de sua família espiritual, mas ora por ele e auxilia-o em silêncio através da tolerância fraterna...

Negado por Pedro, o companheiro receoso, não lhe arroja maldições, mas espera o momento oportuno em que, além da própria morte, consegue fortalecê-lo para o ministério imperecível que lhe cabe realizar.

Insultado pelos filhos de Jerusalém, os beneficiários enceguecidos que absolveram Barrabás, sentenciando-o à condenação, não se entrega ao fel da censura, mas sim, roga ao Pai celeste perdão para todos eles, de vez que se achavam sob o domínio da ignorância...

À frente de Pilatos, o juiz frágil que o requisita a explicações em torno da Verdade de que se fazia embaixador, não lhe considera a inflexão de ironia, mas apenas sorri sem resposta entregando-o às mãos infatigáveis do tempo...

Perante as dúvidas de Tomé, o companheiro cético, não lhe criva a atitude infeliz com os espinhos da reprovação, mas submete-se bondoso e sereno às suas exigências infantis, dando-lhe a tocar as próprias úlceras ainda abertas...

Perseguido por Saulo de Tarso, o doutor intransigente, não lhe retribui com dilacerações e revides, mas socorre-o na estrada de Damasco, ungindo-o de renovação e de luz...

Lembra-te, assim, do Cristo e não permitas que o veneno da condenação te assome à boca...

Muitas vezes, o bem oculta-se no mal aparente que te assalta o roteiro e onde parece surgir o crime aos teus olhos, em muitas ocasiões existem apenas necessidades que não conheces, quando não sejam provas e aflições que somos chamados a socorrer.

Ama, desta forma, hoje e sempre!...

Ama, auxiliando e servindo, aprendendo e sublimando, e assimilarás a excelsa lição do Amigo invariável que, à frente da Verdade, colocou o Sol divino do Amor, para que nossas almas não se percam nas sombras da peregrinação redentora, sustentando-se em plena ascensão para a vida eterna.

EMMANUEL

CAPÍTULO 4

MÃE E FILHO

"CULTO DO EVANGELHO NO LAR DE CHICO XAVIER, UBERABA (MG), 11 DE FEVEREIRO DE 1994.

Dói-me lembrar-te, Mãe, cansada e desvalida
Triste, vendo meu pai morrendo na bigorna,
Teu coração ferido, a lágrima se entorna,
Mas queres sustentar-me o pão, a escola e a vida.

Lavadeira a servir suando em noite morna,
Desmaias-te no chão da choça hoje esquecida,
E ao lembrar-te a busca e ansiosa despedida,
A dor se me refaz na angústia que retorna.

Chorei, sofri, cresci... Fui rico joalheiro,
Doente, enlouqueci atrelado ao dinheiro,
Mendigo, achei a morte falando-me em diamantes.

Agora, eis-me a pedir teus braços de amor puro,
Sei, porém, que é preciso esperar o futuro,
Quero ser teu menino pobre como dantes!...

JÚLIO MONTEIRO

CAPÍTULO 5

PRECE

> PÁGINA RECEBIDA DURANTE A REUNIÃO, COM AMIGOS, DE ORAÇÃO EM BENEFÍCIO DAS VÍTIMAS DO EDIFÍCIO JOELMA, SITUADO NA CAPITAL PAULISTA. UBERABA (MG), 18 DE FEVEREIRO DE 1974.

Senhor Jesus...

Auxilia-nos, perante os companheiros impelidos à desencarnação violenta, por força das provas redentoras.

Sabemos que nós mesmos, antes do berço terrestre, suplicamos das Leis divinas as medidas que nos atendam às exigências de refazimento espiritual.

Entretanto, Senhor, tão encharcado de lágrimas se nos revelam, por vezes, os caminhos do mundo, que nada mais conseguimos realizar, nesses instantes, senão pedir-te socorro para atravessá-los de ânimo firme.

Resguarda em tua assistência compassiva todos os nossos irmãos surpreendidos pela morte, em plena floração de trabalho e de esperança e acende-lhes nos corações, aturdidos de espanto e retalhados de sofrimento, a Luz divina da imortalidade oculta neles próprios, a fim de que a mente se lhes distancie do quadro de agonia ou desespero, transferindo-se para a visão da vida imperecível.

Não ignoramos que colocas o lenitivo da misericórdia sobre todos os processos da Justiça, mas tocados pela dor dos corações que ficam na Terra, tantos deles tateando a lousa ou investigando o silêncio, entre o pranto e o vazio, aqui estamos a rogar-te alívio e proteção para cada um!...

Dá-lhes a saber, em qualquer recanto da fé ou pensamento a que se acolham, que é assim que nos levantamos de nossas próprias inquietações e perplexidades, a fim de continuarmos e recomeçarmos, sustentar-nos e valorizar-nos as lutas de nossa evolução e aperfeiçoamento, no rumo da vida maior que a todos nos aguarda, nos planos da união sem adeus.

E, enquanto o buril da provação esculpe na pedra de nossas dificuldades, conquanto as nossas lágrimas, novas formas de equilíbrio e rearmonização, embelezamento e progresso, engrandece em teu amor aqueles que entrelaçam providências no amparo aos companheiros ilhados na angústia.

Agradecemos-te, ainda, a compreensão e a bondade que nos concedes em todos os irmãos nossos que estendem os braços, cooperando na extinção das chamas da morte; que oferecem o próprio sangue aos que desfalecem de exaustão; que umedecem com o bálsamo do leite e da água para os lábios e para as gargantas ressequidas que emergem do tumulto de cinza e sombra; que socorrem nos feridos e mutilados para que se restaurem; e os que pronunciam palavras de entendimento e paz, amor e esperança, extinguindo a violência no nascedouro.

Senhor Jesus!...

Confiamos em ti e, ao entregarmo-nos em tuas mãos, ensina-nos a reconhecer que fazes o melhor ou permites se faça constantemente o melhor em nós e por nós hoje e sempre.

EMMANUEL

CAPÍTULO 6

MENSAGEM PARA JESUS

"REUNIÃO PÚBLICA DO GRUPO ESPÍRITA DA PRECE, UBERABA (MG), 17 DE OUTUBRO DE 1992.

Enquanto a Terra sofre, luta e não descansa,
E o Homem atribulado se exaspera,
Guardamos-Te a presença e a vida na lembrança,
Cantando o Teu Natal, perante a Nova Era.

A Tua proteção é luz que não se altera
No tempo que se foi e no tempo que avança,
Cada hora contigo é nova primavera
Em floração de fé e lauréis de esperança.

"Glória a Deus nas Alturas!..." Canto inesquecível!...
És Tu, Mestre do Bem, que te abaixas de nível,
Trazendo paz no amor aos tutelados Teus!...

Natal!... Embora a dor e os prenúncios de guerra,
Nós te amamos Jesus, sobre as armas da Terra,
Procurando contigo a integração com Deus!...

Maria Dolores

CAPÍTULO 7

AMOR E VERDADE

> REUNIÃO PÚBLICA EM PEDRO LEOPOLDO (MG), 25 DE JANEIRO DE 1954.

Não nos esqueçamos de que o Espiritismo é Jesus que retorna ao convívio dos homens, através do Evangelho da redenção, reajustando-nos para os sagrados objetivos da vida.

Para entender-lhe a excelsitude, não basta nossa devoção ardente à Verdade, mas, sobretudo, nossa incessante consagração ao Amor, a fim de que a luminosa cúpula de nossas realizações não venha a ruir por falta de base.

Em nosso campo de ação, por isso mesmo, é imprescindível cultivar o entendimento fraterno, para que o nosso ideal de humanidade fulgure em nossos braços, palavras e atitudes.

Nunca será demais olvidar a compaixão que nos cabe movimentar intensivamente em favor da eficiência e da segurança de nossas tarefas.

Saibamos compreender e auxiliar.

Aqui é uma ferida que nos pede bálsamo refrigerante, ali, é um problema aflitivo a requisitar-nos socorro, mais além é a dor em desespero, a exigir-nos benevolência e carinho.

Efetivamente, não podemos subestimar a Verdade, Verdade de que determina a cura e a solução para todos, entretanto, para aplicá-la, não prescindiremos da bondade que auxilia, infatigável, para que o irmão de luta aprenda a recuperar-se.

Os médicos não desferem golpes indiscriminados sobre as úlceras que lhes reclamam perícia operatória. Agem com cuidado, restringindo os ciclos do sofrimento com a medicação anestesiante.

Os professores não arremessam pancadas sobre o crânio dos aprendizes, em pleno viço da infância para que o alfabeto lhes alcance compulsoriamente a cabeça. Usam a paciência e a ternura, administrando, cada dia, a lição que lhe é própria, a fim de que o tempo e o esforço realizem a obra-prima da educação.

Que dizer do escultor que trabalhasse o mármore com a picareta, em lugar do buril, ou do pintor que usasse uma lâmina em brasa ao invés do pincel?

A Verdade é Luz.

Entretanto, o Amor é a própria Vida.

Nele temos a imagem da água pura que transforma o deserto em jardim.

Façamos, então, da própria alma uma fonte amiga de compreensão e fraternidade, recebendo nossos companheiros de jornada tais quais são e, filtrando para cada um deles a bênção da Verdade no vaso do Amor puro, estaremos trilhando o caminho do Cristo, o eterno Benfeitor, que, na exaltação da Verdade, aceitou o supremo sacrifício de si mesmo, na cruz da renunciação e da morte, por acendrado Amor à humanidade inteira.

EMMANUEL

CAPÍTULO 8

SEGUINDO ADIANTE

"CULTO DO EVANGELHO NO LAR DE CHICO XAVIER, UBERABA (MG), [19--?].

No caminho que percorres, encontrarás, em trechos determinados, esse ou aquele companheiro, vencido pelo desalento...

Não lhes agraves a dor, dramatizando as provações que a vida te deu...

Ainda que te vejas sob as marcas de ocorrências amargas, fala-lhes da fé em Deus, do otimismo, da paz e da esperança restaurando-lhes as forças para a continuação da jornada.

Muitos caíram em desânimo, ante a incompreensão de criaturas amadas, outros foram alvejados pelas lâminas ocultas da saudade de filhos ou familiares outros que a morte transferiu para o Mais-além.

Levanta-lhes as energias, ofertando-lhes a certeza de que a existência na Terra é um tecido de renovações incessantes e comunica-lhes a bênção do conhecimento de que a vida prossegue, além do corpo perecível e de que chegará o momento bendito do reencontro com todos aqueles que os antecederam na grande mudança.

Infunde-lhes no coração a alegria de continuar as tarefas que os entes queridos deixaram inacabadas e honra-lhes a memória com o devotamento e a coragem nos deveres que estimariam prosseguir cumprindo nos ideais e obrigações que acalentaram.

Faze-lhes sentir que a lágrima vazia de trabalho é qual semente estéril que o vento arremessa ao desconhecido.

Ânimo e serviço!... Sejam eles a nossa divisa e certificado de nossa condição de aprendizes da fé!...

Aprendamos a levantar os companheiros que a inércia domina e sigamos com eles para a frente que nos cabe atingir.

O tempo não volta.

E diante de todos nós abre-se, cada dia, a luz da imortalidade, por bênção e dádiva de Deus!...

EMMANUEL

CAPÍTULO 9

SÚPLICA DE FILHO

> CULTO DO EVANGELHO NO LAR DE CHICO XAVIER, PELA SUA MEDIUNIDADE AUDITIVA, UBERABA (MG), 2 DE MARÇO DE 1996.

Lembro-te, Mãe... A noite avança...
E saindo apressado, para a orgia,
Disseste-me, escorada numa tia,
"Fica hoje... Atende-nos... Descansa..."

Voltei para encontrar-te em agonia!...
A Morte angelizou-te a face mansa...
Chorei qual se voltasse a ser criança!...
Eras o meu tesouro e eu não sabia...

De prazer em prazer, matei-te aos poucos...
Veio a Morte e cortou-me os sonhos loucos,
Lamentando-me a vida gasta em vão!...

Estou perdido, entre imensos espaços...
Vem guardar-me, de novo, nos teus braços,
Mãe sempre amada de meu coração!...

LUIZ MENDES

CAPÍTULO 10

MENSAGEM

> PLÍNIO PEREIRA RIBEIRO, O POETA DE *MEU CASEBRE*, *LUZ DE QUEROSENE* E OUTRAS OBRAS DA MAIS PURA SENSIBILIDADE, UM DOS FUNDADORES E INTEGRANTES DO CLUBE DOS JORNALISTAS ESPÍRITAS DE SÃO PAULO, TENDO PASSADO PARA O ALÉM, ENVIOU A SEGUINTE MENSAGEM A SUA ESPOSA, D. JUPYRA DE OLIVEIRA RIBEIRO, EM PEDRO LEOPOLDO (MG), NA DATA DE 13 DE DEZEMBRO DE 1958.

Jupyra, minha flor, quando se diluiu a sombra da noite, contemplei deslumbrado a luz do novo dia. Retratei nas próprias lágrimas o íris do alvorecer. Lágrimas que eram alegria e sofrimento, felicidade e dor, aflição e esperança.

Flores orvalhadas adornavam os caminhos. Brisas cariciosas passavam de leve, refrigerando a cabeça fatigada do viajor que era eu.

Nos ares, melodias de ternura vinham de cordas invisíveis que o vento tangesse com os seus mil dedos ocultos.

Bifurcava-se a estrada. Novo rumo, vida nova... Braços amigos procuravam-me o coração, para sustentá-lo.

Vozes consoladoras assopravam coragem para dentro de mim.

Morrera ou renascera?

O corpo gasto cedera lugar a outro corpo, tão obediente e tão leve que mais parecia uma túnica entretecida de penugem misteriosa que pensasse por si.

Compreendi tudo então.

Refundira-se-me o ser, restaurava-se minha alma.

Júbilo intenso apossou-se de mim. No entanto, de repente, converteu-se em pranto mudo...

Era a saudade do seu carinho, que ficava na retaguarda, era você em mim próprio... Foi então, minha flor, que entendi, afinal, que eu não podia passar do divino prefácio do livro da eternidade sem você comigo, porque você é o amor de que sempre me nutro, e somente em você brilha a luz do meu céu.

CARINHO, MUITO CARINHO DO SEU: PLÍNIO.

CAPÍTULO 11

MEU FILHO

> "VERSOS A UM ESPÍRITO AMADO, QUE FOI MEU FILHO EM OUTRAS REENCARNAÇÕES E QUE REENCONTREI, AGORA, MUDO E CEGO DESDE O BERÇO, EM TAREFA EXPIATÓRIA, POR ABUSOS DA INTELIGÊNCIA. UBERABA (MG), [19–?].

Filho meu de outro tempo, armei-te de ouro e lança,
Exortei-te a sonhar: "ama, constrói, ensina!..."
E transformaste o mundo em presença assassina;
Vejo-te a trilha em fogo onde a memória alcança.

Quis ver-te reencarnado... o amor jamais descansa,
E achei-te — águia enjaulada em gaiola mofina —
Cego e mudo a esmolar e a gemer em surdina,
Trazes luto no peito e chagas na lembrança!...

Chorei ao reencontrar-te em provações supremas...
Louvo, entanto, meu filho, as ríspidas algemas
Da dor a nos zurzir, ao redor dos teus passos!...

O pranto lavará nossas culpas longevas,
E, um dia, subirás da humilhação nas trevas
Para a bênção da luz na concha dos meus braços.

EPIPHANIO LEITE

CAPÍTULO 12

PRECE A JESUS

> "REUNIÃO PÚBLICA NO LAR DA CARIDADE, EX-HOSPITAL DO PÊNFIGO, UBERABA (MG), 18 DE ABRIL DE 1989.

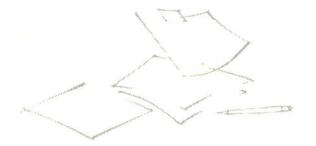

Senhor Jesus!

Auxilia-nos a não somente saber,
Mas também a sentir e compreender.

Ampara-nos, Senhor!

Queremos tua voz
A falar-nos de Deus, dentro de nós.

Não nos deixes ao léu na crença em vão,
Auxilia-nos, Mestre, a Te encontrar
Em nosso próprio coração.

EMMANUEL

CAPÍTULO 13

DESENCONTRO

> REUNIÃO PÚBLICA NO GRUPO
> ESPÍRITA DA PRECE,
> EM UBERABA (MG),
> 7 DE MARÇO DE 1992.

Nunca te esqueço o riso cristalino
Quando o fracasso vinha em nossa casa,
Soube, depois, que a voz que de ti se extravasa
Era para acalmar o teu pobre menino.

Breve, levou-te a Morte...
Não sei se por desastre ou por destino...
Chorei-te pela perda que me arrasa...
Viajei com meu pai... Vi famoso cassino...
Esqueci-te... Joguei... Não me domino...
Fiz a grande fortuna que me arrasa.
Envelheci jogando, até que um dia,
Recordei que na infância, eras minha alegria,
Mas a exaustão me toma o coração cansado...

Vi a Morte a meu lado
E perguntei:
"Dize, Morte, onde achar minha querida,
Minha mãe, meu amor e minha vida?!..."

Ela apenas me disse: "Entre os mortais...
Muitos anos passaram...
Sem receber de ti qualquer lembrança

Pediu reencarnação, em busca de esperança...
Vais vê-la no futuro ou nunca mais!"

ANTÔNIO GOMES

CAPÍTULO 14

VIDA ETERNA

"UBERABA (MG),
1º DE OUTUBRO DE 1976.

Filha, Jesus nos abençoe.

Nosso irmão Lincoln vem trabalhando ativamente em seu favor e lhe pede tranquilidade e segurança de fé em Deus.

Consoante os seus desejos de mãe, aqui lhe deixamos a prece ditada pelo próprio filho, que hoje encontra mais felicidade em nossa modesta cooperação para fazer isso.

Deus nos abençoe.

BEZERRA

"Amado Jesus,

Senhor nosso,

Agradecemos a luz da fé

e a bênção da paz que já nos deste.

Com as nossas mãos em tuas mãos,

concede-nos agora a felicidade

de seguirmos contigo para Deus."

LINCOLN

CAPÍTULO 15

NATAL E JESUS

> CULTO DO EVANGELHO NO LAR DE CHICO XAVIER, UBERABA (MG), 12 DE AGOSTO DE 1997.

Maldade, escravidão, guerra, ódio, vingança:
— Eis o mundo anterior ao Século Primeiro!...
Nasce Jesus nos panos de um celeiro
E alastra-se na Terra um clarão de esperança.

Jesus cresce tranquilo e se faz mensageiro
De Consolo e de Paz, de Amor e Segurança,
Tudo é Luz e Bondade, Reconforto e Mudança,
Começa, enfim, a abolição do cativeiro...

Mais tarde, ei-Lo maior, o Homem Justo e Perfeito,
Ensina o Rumo Certo, o Perdão e o Direito,
Sofre perseguições... Vence a cruz desolada...

E o Sol que O viu nascer, brilhando em ondas de ouro,
Contemplará Jesus, no milênio vindouro,
Abençoando a Terra, em nova madrugada.

MARIA DOLORES

CAPÍTULO 16

CENTRO ESPÍRITA
LUIZ GONZAGA

> MENSAGEM REFERENTE À NOVA SEDE DO CENTRO ESPÍRITA LUIZ GONZAGA, DE PEDRO LEOPOLDO (MG), 14 DE SETEMBRO DE 1949.

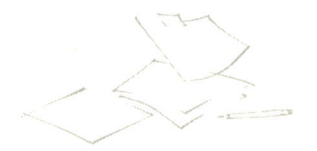

Quanto aos programas do Centro de Pedro Leopoldo, não suponham vocês que nos apossaremos dele tão somente depois da inauguração de suas paredes materiais.

Desde o dia que marcou a determinação do local, com os termos de aquisição e escritura, já nos achamos em tarefa viva por delinear-lhe os "contornos espirituais," com vistas aos nossos objetivos.

Para lá, já foram transferidos todos os serviços de assistência imediata a irmãos perturbados e sofredores. E nos mil e quinhentos metros quadrados de terra, dedicados aos fins a que nos reportamos, temos instalações fluídicas tão sólidas quanto as de vocês, funcionando em ação socorrista.

Os livros recebidos na cidade, de acordo com as informações que a tarefa de vocês veicula atraem diariamente novos pensamentos e novas entidades para aqui. O recanto em que trabalham (aqui me refiro ao centro urbano) transformou-se num telégrafo que enormes multidões procuram aflitas ou desoladas.

Cada pessoa que o livro une espiritualmente à cidade para ela envia "alguma cousa" que nem sempre é muito agradável.

E se é verdade que o espaço é infinito, precisamos de algum espaço para satisfazer, logicamente, as nossas necessidades.

Desse modo, a definição do centro constituiu, só por si, uma providência muito feliz.

Diversos ângulos de luta foram aliviados.

Aquela terra, agora, é bem dos Espíritos desencarnados que, de algum modo, lhe povoam a extensão.

Não pensem, contudo, que estejamos sem luta.

A luta se fez mais clara pelo estabelecimento de linhas apropriadas.

A organização não podia, de modo algum, perseverar em família isolada.

Precisava situar-se para melhor projetar-se.

Os conflitos são naturais.

Os embates de opiniões e ideias são impositivos do aperfeiçoamento e da sublimação.

Felizmente, cada realização vem a seu tempo, e essa bênção só seria suscetível de obtenção, depois do serviço do livro tão adiantado quanto possível.

Abrem-se novos campos. Outros horizontes se desdobram.

Esta é a jornada daqueles que avançam, porque os entediados e ociosos de todos os tempos preferem esperar as transformações ao pé de leitos repousantes.

Quem caminha, porém, domina a viagem.

A vanguarda é, sem dúvida, muita vez dolorosa pelas responsabilidades que acarreta, mas o que sobe a montanha de pés ensanguentados é quem recebe a primeira mensagem da luz dos cimos.

NEIO LÚCIO

CAPÍTULO 17

O NOME
DE JESUS

> RECEBIDO PELA MEDIUNIDADE AUDITIVA DE CHICO XAVIER, NO CULTO DO EVANGELHO DO SEU LAR, UBERABA (MG), 5 DE SETEMBRO DE 1996.

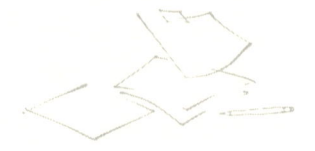

Natal é a luz de Deus que nos alcança,
Em casa, triste mãe exclama, reverente:
"Jesus, salva meu filho infeliz e doente,
Em Ti, Senhor, é a nossa última esperança!..."

De vizinha mansão, ouve-se voz pungente:
"Jesus, rogo socorro... Sei que a morte avança...
Jesus, cura meu pai!..." — dizia uma criança,
Mostrando o coração terno e inocente.

Um Juiz, num salão, consulta um livro e pensa:
"Que faria Jesus, lavrando esta sentença?..."
Jesus!... — Um nome só, em milhões de louvores!...

Pastor que Deus nos concedeu, para milênios!...
Natal é a gratidão ao mais sábio dos gênios,
Que nos conduz à paz e afasta as nossas dores.

Maria Dolores

CAPÍTULO 18

A DOENÇA E A JUSTIÇA

" [S.l., 19–?].

1 - O que estrutura espiritualmente o corpo de carne?

— O corpo espiritual ou perispírito é o corpo básico, constituído de matéria sutil, sobre o qual se organiza o corpo de carne.

2 - O erro de uma encarnação passada pode influir na encarnação presente, predispondo o corpo físico às doenças? De que modo?

— A grande maioria das doenças tem a sua causa profunda na estrutura semimaterial do corpo espiritual. Havendo o Espírito agido erradamente, nesse ou naquele setor da experiência evolutiva, vinca o corpo espiritual com desequilíbrios ou distonias que o predispõem à instalação de determinadas enfermidades, conforme o órgão atingido.

3 - Quais os dois aspectos da justiça?

— A justiça na Terra pune simplesmente a crueldade manifesta, cujas consequências transitam nas áreas do interesse público, dilapidando a vida e induzindo à criminalidade; entretanto, esse é apenas o seu aspecto exterior, porque a Justiça é sempre manifestação constante da Lei divina nos processos de evolução e nas atividades da consciência.

4 - Qual a relação existente entre doença e Justiça?

— No curso das enfermidades, é imperioso venhamos a examinar a Justiça, funcionando com todo o seu poder regenerativo, para sanar os males que acalentamos.

5 - O que faz o Espírito antes de reencarnar, visando à própria melhoria?

— Antes da reencarnação, nós mesmos, em plenitude de responsabilidade, analisamos os pontos vulneráveis da própria alma, advogando em nosso próprio favor a concessão dos impedimentos físicos que, em tempo certo, nos imunizem, ante a possibilidade de reincidência nos erros em que estamos incursos.

EMMANUEL

CAPÍTULO 19

NATAL NO TEMPO

"CULTO DO EVANGELHO NO LAR
DE CHICO XAVIER, UBERABA (MG),
22 DE OUTUBRO DE 1995.

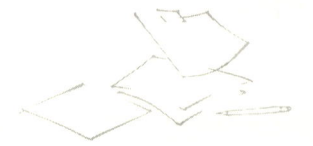

A fúria de Ramsés e o ódio de Cambises,
Feras humanas, sem alguém que as dome,
Conquistando poder, ouro e renome,
Aumentaram as lutas infelizes.

Passam reis, ditadores e juízes,
Sem que hoje ninguém lhes lembre o nome,
Passam Dante, Leonardo e célebres atrizes,
Sem perceber a terra que os consome...

Só Jesus permanece, ao nosso lado,
Mensageiro de Deus e herói amado,
Que nos tolera, instrui, ampara e guia...

Natal é a Luz Maior que nos alcança,
Doando-nos a fonte da Esperança,
Em cânticos de Paz e de Alegria!...

MARIA DOLORES

CAPÍTULO 20

DEDICAÇÃO

"PEDRO LEOPOLDO (MG), [19–?].

Irmãos, que o divino Pastor nos guie, através do grande caminho do soerguimento e da redenção.

Convosco, seguem vanguardeiros da luz que se apoiam no campo de nossa boa vontade para a realização do trabalho santificante do Cristo, e que poderíamos nós outros desejar-vos, senão mais ampla vitória com a esfera superior?

O Espiritismo com Jesus é Ciência divina de aperfeiçoamento da unidade a refletir-se na melhoria do todo.

Enquanto outras escolas da fé se vangloriam com preceitos espetaculares, baseados na afirmativa humana ou na representação convencionalista da inteligência encarnada na Terra, os aprendizes do Senhor palmilham a senda escabrosa do sacrifício e do burilamento pessoal afeiçoando-se ao Mestre que escolheram por supremo Condutor de seus destinos.

Continuemos, assim, de mãos entrelaçadas, em torno do Caminho, da Verdade e da Vida, porque a expressão fenomênica, em si, não passa de antiga campainha de alarme, soando, em vários diapasões, para despertar as consciências adormecidas.

Nesse capítulo, encontraremos sempre um Espiritismo de aspectos multifários, em cujas categorias se demoram classes compostas de estudantes da revelação, indagando, investigando, experimentando, ou reconfortando-se.

Para onde se volte nossa pesquisa puramente intelectual, seremos defrontados, invariavelmente, pela resposta aos nossos próprios desejos.

Por isso mesmo, é fácil esquecer as lições salvadoras da subida áspera, que nos convocam o espírito às claridades dos cimos, para repousarmos, indebitamente, sob o fascínio de quadros vivos iguais àqueles em que nos movimentamos, dentro da insipiência de nossos conhecimentos relativos, anulando-se-nos a coragem de escalar a montanha da sabedoria e do amor, em cuja eminência nos aguardam novos roteiros iluminativos, com referência à nossa ascensão legítima na imortalidade.

Necessário, portanto, desconfiar de todas as posições em que a nossa capacidade de lutar e servir, aprender e melhorar se demore anestesiada pelo elixir do menor esforço.

Não basta organizar o intercâmbio comum entre os dois planos, o dos encarnados e o dos desencarnados, nem positivar simplesmente a sobrevivência individual do homem, além da morte, sem qualquer atividade digna por sublimar-lhe a personalidade.

Imprescindível eleger um padrão luminoso que nos descortine a meta e nos oriente as tarefas, conjugando-as no sentido da perfeição.

E esse padrão temo-lo, nós outros, no Cristo vivo e soberano, que deve legislar no reino de nossas almas, antes de estender o seu domínio de amor ao vasto império de nossos interesses e aspirações do círculo isolado.

Abramos o santuário de nosso espírito ao Senhor, para que os seus sublimes desígnios prevaleçam em nossas experiências.

Longa é, ainda, a jornada para o alto, e laboriosa ser-nos-á a marcha evolutiva, em favor da dilatação da nossa capacidade receptora, à frente do celeste Doador de todas as bênçãos.

Cristianizar nossos pensamentos, palavras e obras que apresentam o plano tríplice de nossa influenciação direta ou indireta sobre os outros é construção inadiável, sem a qual nossos melhores propósitos são ameaçados nos fundamentos.

Não é difícil monumentalizar a virtude na Terra, dando-lhe corpo adequado nos patrimônios naturais; entretanto, ambientá-la, dentro de nós mesmos, para que a sua claridade bendita se irradie a benefício de todos, é apostolado de sacrifício, dentro do qual, porém, cooperaremos no reerguimento do mundo sob a égide do Cristo, que continua confiando em nós todos, tanto quanto o oleiro não descrê das possibilidades da argila ainda sem forma.

Ante as oportunidades benditas que vos confere a existência carnal, não desanimeis, meus amigos, no ministério de elevação.

Melhorar, buscando a inspiração dos corações mais sábios e mais amorosos que os nossos, a fim de servirmos, com mais eficiência e segurança, aqueles que ainda se encontram menos esclarecidos e menos sensíveis ao amor que nós mesmos, é, sobretudo o trabalho mais imediato, a fim de que o nosso concurso evangélico não se confine aos círculos brilhantes da palavra fantasiosa.

Vós que tivestes a felicidade da arregimentação sob a bandeira de luz do Evangelho do Senhor, segui-lhe os exemplos, as atitudes e os passos. Jesus continua nascendo na manjedoura dos corações que se fazem simples e confiantes na fé viva, curando, através das mãos que o procuram sedentas de caridade, e resplandecendo no Tabor das almas elevadas e nobres que se dirigem para os montes do bem e da luz, a fim de respirarem e viverem.

Mas prossegue também ensinando a Arte divina da ressurreição pela cruz, que, através de todos os tamanhos e feitios, espera, por enquanto, aqueles que se decidem, realmente, pela vida triunfante.

Assim sendo, irmãos queridos, caminhai e auxiliando, ensinai distribuindo com os emissários celestes, e confiai na Justiça e na Bondade que nos regem as ações de ângulos superiores à estrada terrestre.

Rendamos graças ao Pai pelo banquete de bênção com que sempre nos brinda a sede de engrandecimento e façamos, pela nossa dedicação à vida melhor na Terra que ainda aguarda a vitória do reino de Deus.

Entreguemos nossos corações e ideias ao Senhor da Verdade e que nossas mãos e nosso verbo se convertam em instrumentos leais dele, em todos os lugares, climas e situações, são os votos do amigo e servo humilde.

EMMANUEL

CAPÍTULO 21

ROSALVO

"UBERABA (MG), [19–?].

Rosalvo era aventureiro
Conservava, com carinho,
O avião pequeno e forte
Comprado em país vizinho.

Parecia homem humilde
E pobre por natureza
Mas trazia sem mostrar[3]
A paixão pela riqueza.

Anota, ouve e resguarda
Nessa paixão que o domina
Tudo quanto se falasse
Em torno de cocaína.

Principiou por viagem
Às cidades mais distantes
Onde era sempre esperado
Por amigos traficantes.

Ficou rico no negócio
Mas era de ambição,
Que não queria viver
Com qualquer limitação.

---

3 N.E.: No original: "Mas trazia sem mostra". Como todos os versos possuem sete sílabas métricas, presumimos ter havido aqui um engano que levou à omissão da letra "r", acrescentada pela editora.

Certo dia anunciou

Que teria a dispor

Recursos que o mantivessem

Na vida do exterior.

Despediu-se da família,

Só queria conhecer,

Conhecer povos de longe,

Queria se refazer.

Decolou em manhã linda

Mas depois do meio dia,

Receou a tempestade

Pela horrenda ventania.

Estava já muito longe

De seu negócio e lugar.

Era preciso seguir

Não podia recuar.

Os horrores da tormenta

Mediam-se em alto porte

O avião balanceava

Rosalvo temeu a morte.

Passados alguns minutos

Pôs-se o moço a lamentar.

Mas ele, o avião e a carga

Caíram em alto mar.

Jair Presente

CAPÍTULO 22

COUSAS DO CARNAVAL

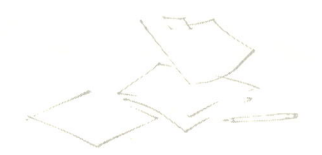

"
PEDRO LEOPOLDO, MG, [19–?].

As alegrias ruidosas que precedem o carnaval de 1941 trazem aos olhos de minha imaginação um quadro estranho e doloroso.

Iniciavam-se os movimentos carnavalescos do ano findo. Era um crepúsculo radioso de domingo e, entre os gelados da avenida, enquanto o carioca procurava, ansioso, um lenitivo do calor sufocante, ferviam comentários, relativos ao curioso reinado de Momo.

Os morros estavam inflamados de samba. Nos bairros chiques, as meninas suburbanas ensaiavam batalhas de confete.

— Você quer ver a intensidade de nossos serviços? — perguntou-me um amigo espiritual, desejoso de instruir-se nas lições do meu mundo novo.

Interessado na sua atenção, acompanhei-o sem hesitar.

Chegamos a um casarão desabitado e silencioso.

— Espera! — disse-me o companheiro, com solicitude.

Aquietamo-nos num recanto sombrio. Daí a pouco, grande número de vultos escuros reuniam-se no vasto salão próximo. Dominou-me enorme impressão de assombro. Ainda não havia visto uma assembleia de Espíritos do mal. Alguns deles passaram por nós e não nos viram, mas como tenho visitado as assembleias propriamente humanas, sem que ninguém se aperceba de minha presença, não cheguei a experimentar maior admiração.

Confabulavam os circunstantes, entre si. Lembrei-me das histórias em que me contavam, na infância, as bravatas dos demônios ausentes do inferno. Minha comparação era justa. Aquelas entidades pareciam excessivamente perversas; os mais atrevidos expunham projetos ignominiosos.

Alguns referiam-se a crimes cometidos, a vinganças efetuadas. O conjunto oferecia a impressão de uma quadrilha de malfeitores perfeitamente organizada. Havia chefes e sequazes, como se as organizações criminosas da Terra tivessem sua continuação no plano invisível.

Dentre todas as palestras ouvidas, um fato despertou particularmente minha atenção.

Uma entidade que parecia mais inexperiente, dando a ideia de um auxiliar de serviço ansioso de remuneração, aproximou-se de um superior, deu-lhe conta das incumbências recebidas e, depois de receber-lhe a aprovação reclamou em tom de grande insistência:

— Tenho cumprido meus deveres com interesse, mas espero o concurso dos companheiros para minha vingança há mais de sete meses! Aquela mulher precisa morrer! Terá de aproximar-se de nosso convívio, sofrerá tudo o que sofri, entretanto, o auxílio de nossa união está sendo retardado...

O interpelado fixou nele o olhar estranho e falou:

— Espera um pouco ainda, tua satisfação aproxima-se. Não nos foi possível atender-te, antes, porque seria difícil em tempos normais. Vai chegar a época própria.

— Mas por que tenho aguardado tanto? — perguntou o outro, impaciente.

— Como sabes, esclareceu o superior, os tempos normais são de Deus. Dentro deles, pela vigilância de uma só pessoa, cooperam as disciplinas sociais, o pensamento dos Espíritos justos, a influência indireta dos lares respeitáveis, as preces dos templos, os santuários abertos. Os que não erraram defendem as almas caídas. Encontramos, assim, muitos obstáculos. Mas já estamos nas vésperas dos tempos anormais. Esses são do homem, e o homem é inferior como nós mesmos. Quando há guerra ou loucura, só podem manter contato com Deus os que já adquiriram passagem livre, mas os outros caem no nosso nível, então os bons serviços podem ser feitos.

A entidade inexperiente ouviu as observações e sentenciou:

— Aqui no Rio não há guerra.

— Mas haverá o carnaval, disse o outro, convicto.

— E o movimento oferece tamanhas oportunidades?...

— Como não? — acentuou o outro, nesses dias, todos os núcleos ou quase todos os centros de irradiação espiritual estarão mais ou menos em repouso. Os agrupamentos espíritas, de modo geral, não funcionam, as igrejas estarão de portas cerradas. Grande número dos bons lares estarão desertos, porque muitas famílias respeitáveis temem, instintivamente, nossa ação e se retiram para o interior. Os homens mais sensatos fazem retiro espiritual e não saem à rua, perturbando-nos os desígnios. Como vês, as energias mais sérias abandonam o campo à nossa atividade. As vozes de Cristo, com raras exceções, permanecerão caladas, receosas ou distraídas. Então é justo esperar resultados de nossas tarefas vingadoras.

Confabularam, ainda, por algum tempo. Comentaram a situação da vítima e exaltaram o propósito mesquinho. A palestra expunha seu nome e sua habitação, e, intimamente, alimentei a ideia de acompanhar a questão até o fim.

Junto do companheiro, saí impressionado, enquanto sua palavra amorosa esclarecia a complexidade da tarefa de todos os bons trabalhadores de Jesus nos planos invisíveis que rodeiam a atividade do homem da Terra.

E veio o carnaval.

Admirado, segui de perto o esforço titânico das entidades consagradas ao bem, para que se atenuassem os crimes, para que o mal não deitasse mais longamente suas raízes venenosas.

Somente na quarta-feira de cinzas recordei os propósitos perversos da conversação ouvida, na assembleia empolgada por criminosos interesses.

Bastou um pensamento e me encontrei na casa humilde que a palestra iniciara.

Pequeno grupo de populares observava os funerais de uma moça pobre. Entrei. No ataúde que se fechava, sob as lágrimas pungentes de uma senhora que parecia extremamente sofredora, vi o cadáver de uma mulher jovem, aparentando trinta anos.

E enquanto voltava à rua espantado, meditando no instituto das provas, nas lutas enormes que se travam de espírito para espírito, escutei a voz da pequena multidão suburbana que discutia:

— Afinal, foi verificada a *causa mortis*? — perguntava um rapaz de gestos pedantes.

— Não sei, esclarecia uma senhora idosa, somente ontem à tarde, a família conseguiu descobri-la, agonizante.

— Era muito leviana — diziam outros.

Mas um velhote de semblante bonachão, parecendo um pândego em férias, tão displicente quanto a maioria dos homens deste século, punha termo ao assunto, exclamando, inconsciente:

— Ora! ora! mas para que tantas discussões?!... São cousas do carnaval.

Irmão X

CAPÍTULO 23

RECADO DA VIDA

"UBERABA (MG), 1994.

Se o presente é rude e amargo,
Com nublados horizontes,
Coração, não te amedrontes
Sigamos buscando a frente,
Na direção do porvir,
A paz reclama servir,
Progresso pede marchar.

Olha o quadro que te cerca,
Do átomo aos oceanos,
Do verme aos seres humanos,
A confiança é valor,
O Sol se apoia no espaço,
Criando jardins fecundos
Que o tempo transforma em mundos
De evolução e de amor.

A semente entregue ao solo
Germina e cresce sem medo,
Faz-se depois arvoredo,
Depois é verde mansão,
Suporta vento e aguaceiro

Cada flor que desabrocha,
Confia-se o vale à rocha,
O rio tem fé no chão.

Assim, também, os espinhos
Da provação que te alcança,
São faixas de segurança
De invisíveis cireneus.

Cumpre o dever que te cabe,
Trabalha, serve e porfia,
Tens a fé por luz e guia
Da terra aos braços de Deus.

MARIA DOLORES

CAPÍTULO 24

RIQUEZA E
FRATERNIDADE

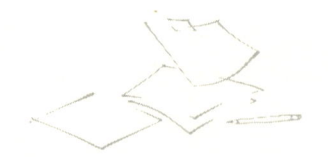

" [S.l., 19--?].

Há expressivos depósitos de ouro nas organizações bancárias de todos os povos, e as nações continuam gemendo sob o guante da guerra.

Há toneladas de ouro no corpo ciclópico da Terra, e, na crosta planetária, há quem chore nos braços constringentes da enfermidade e da fome.

Há imensa quantidade de ouro no seio do oceano, e a dor abarca todos os continentes.

Há ouro nas casas nobres, e os pequenos castelos da ilusória felicidade humana padecem o assalto de extremas desilusões.

Há ouro nos templos de pedra, e os crentes da fé religiosa permanecem famintos de paz e consolação.

Há ouro na indumentária de sacerdotes e magistrados, de homens poderosos e de mulheres felizes, entretanto, os museus gelados aguardam essas peças preciosas que se movimentam no rumo do silêncio e da morte.

Acima do ouro, porém, reina o amor no coração humano, amor que sorri para os infortunados e lhes renova o bom ânimo, que trabalha para o bem comum e preserva os tesouros da vida, que se sacrifica e acende imperecível para séculos inteiros, que se gasta em serviço aos semelhantes sem jamais consumir-se...

Não esperes, portanto, pelo ouro para fazer o bem.

Desenterra o talento do amor que jaz oculto em teu peito e tua existência brilhará para os homens por abençoado Sol de alegria e esperança.

Jesus não possuía uma caixa forte para exibir virtude, segurança e poder, mas alçando o próprio coração na cruz, em nome do amor, converteu-se na eterna mensagem de luz que redimirá o mundo inteiro.

EMMANUEL

CAPÍTULO 25

ENTREVISTA EM PEDRO LEOPOLDO

> ENTREVISTA CONCEDIDA, EM PEDRO LEOPOLDO (MG), A UM JORNAL DE NOME IGNORADO. AS TRÊS FOLHAS ORIGINAIS FORAM RUBRICADAS POR CHICO XAVIER E ENTREGUES A VIVALDO DA CUNHA BORGES, SEGUNDO ESTE INFORMOU.

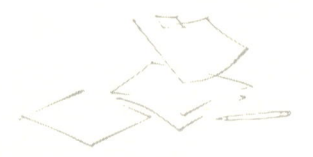

1 - No intercâmbio de tantos anos com os Espíritos amigos cite um episódio que ficou marcado.

— O episódio que mais me impressionou ocorreu comigo e uma criança de cinco janeiros de idade.

Estava eu esperando um ônibus que se aproximava. Precisava descer ao centro da cidade para assinar um documento em cartório. Em minha expectativa de tomar o veículo, vi um menino da idade referida que vinha correndo a grande distância, chamando por mim.

Eu o conhecia, pois era filho de uma senhora ligada às nossas tarefas de assistência. Ela se achava doente e acamada. Supondo que o garoto necessitasse de algo para a mãezinha enferma, não tive outro recurso senão pedir ao motorista do coletivo para esperar-me por alguns instantes. O condutor da máquina me atendeu por mais de dois minutos. Vendo, porém, que a criança gritava meu nome e observando que o pequeno ainda custaria a chegar ao meu encontro, solicitou desculpas e colocou o ônibus em movimento. Fiquei a sós no caminho, porquanto conhecia a senhora mãezinha dele, embora a minha necessidade de ir ao cartório.

A criança chegou, ofegante, onde me achava e abraçou-me. Preocupado, indaguei: "Que aconteceu? Sua mamãe mandou-me algum recado?". Com grande surpresa para mim o pequeno exclamou: "Não, tio Chico, mamãe está melhor; eu corri de casa até aqui só para pedir ao senhor um beijo". Abracei-o e fui obrigado a deixar, depois do beijo, a minha obrigação para o dia seguinte.

2 - Sabemos que os trabalhos mediúnicos exigem muita renúncia e sacrifício pessoal em todos os sentidos. Qual é a "receita" para se cumprir uma caminhada de 66 anos ininterruptos a serviço da mediunidade?

— Trabalhar e servir sempre, confiando em Deus.

3 - Existe no país, no momento, uma espécie de pessimismo e desânimo generalizado, o que vem fazendo com que as pessoas desistam de lutar pelos valores nobres cristãos. O que poderia ser feito, por cada um de nós, para reverter esse quadro?

— Na condição de espírita, sou cristão e creio que todo cristão deve agir e servir, com otimismo, em nome de Jesus.

4 - Chico Xavier, estamos vendo, no seio das famílias, uma conturbação muito grande, principalmente em relação a casais, com muitas separações. Qual o conselho que o senhor daria aos casais de modo geral?

— Creio que os serviços de comunicação deviam passar por uma revisão das autoridades competentes, às quais caberia o dever de filtrar os assuntos no mercado das ideias para o público em geral.

5 - Chico Xavier, o que podemos esperar para o mundo, no Terceiro Milênio da Era Cristã que já se aproxima?

— Espero que com a fé em Deus e com a proteção de Jesus todos nós sigamos para uma vida melhor.

6 - O número de adeptos da Doutrina Espírita, no Brasil, segundo pesquisas, vem crescendo muito. A que o senhor creditaria este fato?

— Acredito que todos nós temos sede de paz e de esperança.

7 - O que representa para o senhor a figura de Nosso Senhor Jesus Cristo?

— Acredito que Jesus, em todos os tempos da civilização cristã, é a presença de Deus entre os homens.

8 - Existe fatalidade ou todos nós cumprimos uma missão aqui na Terra?

— Não posso esquecer o livre-arbítrio de que dispomos. A criatura colherá sempre o que ela própria semeou com as atitudes que abraça.

9 - Às vezes assistimos pessoas perderem suas vidas por tamanha imprudência. Isso é destino?

— A meu ver, e reconheço que não possuo a mínima propensão para adivinhar, destino será a soma de nossas ações e pensamentos em nossa vida atual, ou em nossas existências passadas. A esse respeito, imaginemos a importância do livre-arbítrio. Se eu estiver guiando um automóvel, adotando o processo de mais de 80 quilômetros por horas, na hipótese de alguma ocorrência desastrosa, quem será o culpado? O motor ou eu?

10 - Como o senhor vê o suicídio?

— O suicídio é a pior ofensa a nós mesmos.

11 - A Igreja Católica perde fieis que migram para igrejas protestantes principalmente. Como o Sr. analisa esta realidade?

— Não posso entrar no julgamento da conduta alheia. Devo, porém, observar, embora a minha condição de espírita cristão militante, que a Igreja Católica é mãe venerável da civilização brasileira. A História, registrando os primeiros tempos de nosso país, é uma comprovação do que estou dizendo.

12 - Observa-se hoje um vazio crescente entre pais e filhos. Como superar este problema?

— Dizem os analistas que isso é o choque de gerações. Considero, no entanto, que nesse conflito está o problema da educação.

13 - Quais as lembranças mais gratas que o senhor tem de Pedro Leopoldo?

— Tenho as lembranças felizes da infância, da família, da escola e dos amigos. Creio que estas recordações são características de todos aqueles que já ultrapassaram os oitenta janeiros, como me acontece.

14 - O que a Fazenda Modelo representa para o Senhor?

— Uma grande instituição de trabalho e cultura, que não me será lícito esquecer.

15 - Qual a mensagem que o Sr. manda para os leitores do nosso jornal?

— Cultivar a oração, trabalhar sempre, respeitar a natureza, proteger as plantas e os animais e servirmos sempre uns aos outros, sem qualquer ideia de compensação.

CAPÍTULO 26

GRANDE PÁTRIA

> LEOPOLDINA (MG), 27 DE JUNHO DE 1949.

Um novo mundo além da sepultura
Dadivoso e sublime se revela,
Amenizando a fúria da procela
Que o mundo inteiro envolve em desventura.

É a paz cristã que volta e se desvela
Na redenção da humana criatura,
Restaurando a verdade que se apura
Na crença viva, promissora e bela.

Filhos do meu Brasil, enquanto a guerra
Semeia lodo e sangue em toda a Terra,
Buscai com Cristo a inspiração de cima!...

Grande Pátria da Nova Humanidade,
Sereis o Povo da Fraternidade,
No milênio de luz que se aproxima.

PEDRO D´ALCÂNTARA

CAPÍTULO 27

RECONCILIAÇÃO

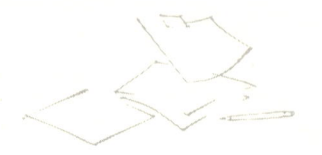

" CULTO DO EVANGELHO NO LAR
DE CHICO XAVIER,
UBERABA (MG), [19--?].

Falamos, muitas vezes, em perdão aos que nos ofendem, no entanto, como agir ante aqueles aos quais, consciente ou inconscientemente ofendemos?

Quando o arrependimento ou o remorso nos visitem, comecemos a pensar nas qualidades nobres ou no serviço edificante das vítimas de qualquer atitude intempestiva de nossa parte. Recordemos os favores ou gentilezas que, em algum tempo, nos hajam proporcionado. Abstenhamo-nos de qualquer referência negativa e, surgindo a oportunidade, louvemos algum aspecto dos entes que se lhes fazem queridos, buscando cativar-lhes a simpatia.

Articulando as presentes considerações, não queremos mencionar a adulação indesejável. Envolvamos a pessoa ou as pessoas com as quais desejamos o benefício da conciliação em nosso maior respeito!

As nossas palavras de apaziguamento devem nascer de nosso íntimo, reconhecendo que a inimizade e o antagonismo, mesmo aparentemente justos, não devem tisnar ou perturbar a nossa vida espiritual.

Compreendamos que o erro ou a agressividade de que nos julgamos vítimas, poderão, na origem, ter partido de nós e revisemos a própria consciência, sem autocompaixão, para que realmente nos sintamos livres do mal.

Existem companheiros e companheiras que terão sofrido golpes tão grandes que se acreditam incapazes de qualquer iniciativa para a pacificação com as criaturas que se fizeram instrumentos da amargura que lhes marcam os dias. Entretanto, lembremo-nos de que o brilhante atirado à lama, não deixará de ser brilhante, porque esteja nessa penosa e transitória condição e, pensando nisso, entenderemos que Deus tem recursos para retirar essa preciosidade do lixo humano, fazendo-a brilhar de novo ao domínio da luz.

EMMANUEL

CAPÍTULO 28

PRECE

"UBERABA (MG), 1994.

Jesus, Benfeitor Eterno,
Sabemos, que nos renovas,
Por meio das grandes provas
Que abalam o coração.

Eis porque te suplicamos:
Não nos retires da estrada
Quase sempre atribulada
De acesso à renovação.

Concede-nos, Cristo amado,
O acréscimo de energia
Para mantermos dia a dia:
O esforço libertador!...

Necessitados de força,
Dá-nos, Mestre, apoio amigo,
Queremos viver contigo
No Reino do Eterno Amor!...

MARIA DOLORES

CAPÍTULO 29

EM FAVOR DA PAZ

> RECEBIDA NO CULTO DO EVANGELHO NO LAR DE CHICO XAVIER, UBERABA (MG), 6 DE JANEIRO DE 1993.

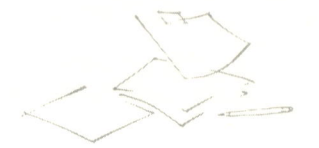

Esquecer as ofensas.

Promover auxílio espontâneo para os adversários.

Ouvir palavrões sem revidar.

Calar confidências alheias.

Suportar sem queixa a atitude infeliz de pessoas amadas.

Cerrar as portas da alma ante as sugestões do ciúme.

Aceitar os outros, tais quais são.

Entender que as opiniões alheias são tão respeitáveis quanto as nossas.

Conservar a calma e cooperar em favor do bem nos momentos difíceis.

Não reclamar objetos perdidos.

Compreender sem pedir compreensão.

Continuar amando as pessoas queridas, quando se afastam de nós.

Escutar com paciência as alegações repetidas de um doente.

Abster-se de irritações.

Evitar as tempestades de cólera.

Melhorar os próprios conhecimentos sem a roupagem da empáfia.

Conversar com simplicidade.

Deixar aos outros o direito de viver como possam.

Saber dar ou receber sem exigências.

Silenciar o mal para anular-lhe a influência.

Não esperar dos outros aquilo que ainda não podem fazer.

Auxiliar sempre para o bem.

EMMANUEL

CAPÍTULO 30

FORTALEZA, DEUS TE ABENÇOE

> FORTALEZA (CE), 25 DE JANEIRO DE 1943.

Cantando hosanas na alma agradecida,
Sentindo as luzes de outra natureza,
Venho até vós, trazendo a Fortaleza
Minha grande saudade comovida.

Nesta terra de sonho e de beleza,
Onde a bondade é fonte irreprimida,
Encontrei reconforto à minha vida,
Embora a sombra, a lágrima, a aspereza...

Nestes campos de paz e de esperança,
Às árvores do bem e da abastança
Frutificam sem sombras e escarcéus...

Fortaleza, que DEUS te ampare ao colo,
Desde as pedras que brilham no teu solo,
Às estrelas que fulgem nos teus céus!

Eugênio Detalonde

CAPÍTULO 31

EM TORNO DO LIVRO *BOA NOVA*[2]

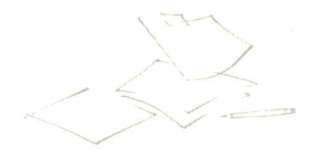

" [S.I.], 4 DE MAIO DE 1940.

---

2 N.E.: No original: PRECE DE EMMANUEL, EM TORNO DO LIVRO *BOA NOVA* DO ESPÍRITO HUMBERTO DE CAMPOS.

Meus amigos, Deus nos conceda muita paz no lar e aos corações.

Sentimo-nos felizes em pedir ao Todo-Poderoso, em vossa companhia, as Suas bênçãos de Luz para os nossos trabalhos construtivos na esfera material e no círculo das realizações espirituais.

A vida é a marcha incessante da alma para o Criador.

Saibamos, portanto, manter o mesmo padrão de esforço em todas as modalidades do caminho.

Buscaremos auxiliar-vos em tudo o que nos seja possível, e quanto à outra parte, o nosso irmão Humberto buscará iniciar o seu novo esforço em favor da difusão mais clara das interpretações da Boa-Nova do nosso Salvador.

Se Deus nos permitir essa realização, reputo-a das de maior importância recebidas pela nossa modesta oficina de esforço espiritual.

Que Deus vos abençoe é a prece do vosso irmão e servidor de sempre.

EMMANUEL

CAPÍTULO 32

FACES DO
DINHEIRO

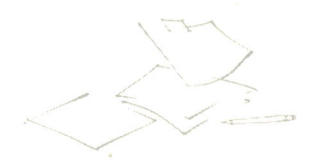

> CULTO DO EVANGELHO NO LAR DE CHICO XAVIER, UBERABA (MG), 22 DE JANEIRO DE 1994.

Verdade clara da vida
Que meditei como pude
Dinheiro compra remédio
No entanto, não dá saúde.

Disse-me um sábio na escola
Este mote que não falha:
Dinheiro ampara e conforta
Mas quando é muito atrapalha.

Vejo o amor em várias fases
Alegre, revolto ou triste,
Mas o amor pelo dinheiro
É o mais constante que existe.

No cubículo de um pobre,
Onde um pão se faz preciso,
Dinheiro é a chama do Céu
Que acende a luz do sorriso.

Luiz de Oliveira

CAPÍTULO 33

NA **TERRA**

"CULTO DO EVANGELHO NO LAR DE CHICO XAVIER, EM UBERABA (MG), 28 DE ABRIL DE 1997.

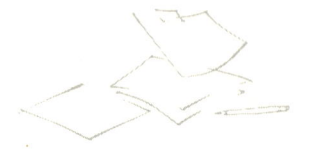

De graça, temos nós
O corpo que nos guarda.

De graça vem a luz
Do Sol que nos sustenta.

De graça, temos rios,
Fornecendo água farta.

De graça, o ar puro e leve
É apoio à nossa vida.

Árvores nos dão frutos
Que elas próprias não comem.

O Homem vive e trabalha
Sob a Graça de Deus.

Emmanuel

CAPÍTULO 34

PRECE

> LAR DA CARIDADE, EX-HOSPITAL DO PÊNFIGO, UBERABA (MG), 30 DE ABRIL DE 1991.

Senhor Jesus,

que nos deste o Amor Maior;

coloca por misericórdia, a

compaixão em nossas almas,

para que exerçamos a bondade e a

compreensão, auxiliando-nos

uns aos outros, em Teu Nome.

Assim seja.

EMMANUEL

Livros psicografados por Francisco Cândido Xavier editados pela Editora CEU

TÍTULO	ESPÍRITO	ANO DE PUBL.
Amigo	Emmanuel	1979
Livro de respostas	Emmanuel	1980
A vida conta	Maria Dolores	1980
Pronto-socorro	Emmanuel	1980
Caminhos	Emmanuel	1981
Rumos da vida	Espíritos diversos	1981
Família	Espíritos diversos	1981
Linha duzentos	Emmanuel	1981
Mais vida	Espíritos diversos	1982
Palavras do coração	Meimei	1982
Praça da amizade	Espíritos diversos	1982
Endereços da paz	André Luiz	1982
Paciência	Emmanuel	1983
Caminhos do amor	Maria Dolores	1983
Correio do Além	Espíritos diversos	1983
Paz	Emmanuel	1983
Convivência	Emmanuel	1984
Alma e vida	Maria Dolores	1984
Hoje	Emmanuel	1984
Tão fácil	Espíritos diversos	1985
Joia	Emmanuel	1985
Nós	Emmanuel	1985
Mediunidade e sintonia	Emmanuel	1986
O essencial	Emmanuel	1986
Canais da vida	Emmanuel	1986
Estradas e destinos	Espíritos diversos	1987
Doutrina e vida	Espíritos diversos	1987
Esperança e alegria	Espíritos diversos	1987

TÍTULO	ESPÍRITO	ANO DE PUBL.
Temas da vida	Espíritos diversos	1987
Escultores da alma	Espíritos diversos	1987
Vida além da vida	Lineu de P. Leão Júnior	1988
Relatos da vida	Irmão X	1988
Construção do amor	Emmanuel	1988
Doutrina e aplicação	Espíritos diversos	1989
Histórias e anotações	Irmão X	1989
Sentinelas da luz	Espíritos diversos	1990
Excursão de paz	Espíritos diversos	1990
Moradias de luz	Espíritos diversos	1990
Ação, vida e luz	Espíritos diversos	1991
Luz no caminho	Emmanuel	1992
Pérolas de luz	Emmanuel	1992
Bênçãos de amor	Espíritos diversos	1993
Gotas de paz	Emmanuel	1993
As palavras cantam	Carlos Augusto	1993
Esperança e luz	Espíritos diversos	1993
União em Jesus	Espíritos diversos	1994
Momento	Emmanuel	1994
Anotações da mediunidade	Emmanuel	1995
Plantão de respostas	Pinga-fogo II	1995
Antologia da amizade	Emmanuel	1995
Sínteses doutrinárias	Espíritos diversos	1995
Antologia da esperança	Espíritos diversos	1995
Saudação de Natal	Espíritos diversos	1996
Paz e amor	Cornélio Pires	1996
Alma do povo	Cornélio Pires	1996
Paz e libertação	Espíritos diversos	1996
Degraus da vida	Cornélio Pires	1996
Senda para Deus	Espíritos diversos	1997

TÍTULO	ESPÍRITO	ANO DE PUBL.
Traços de Chico Xavier	Espíritos diversos	1997
Caminhos da vida	Cornélio Pires	1997
Pétalas da vida	Cornélio Pires	1997
Caminho iluminado	Emmanuel	1998
Trovas da vida	Cornélio Pires	1999
Escada de luz	Espíritos diversos	1999
Perdão e vida	Espíritos diversos	2000

Conselho Editorial:
Jorge Godinho Barreto Nery – Presidente
Geraldo Campetti Sobrinho – Coord. Editorial
Evandro Noleto Bezerra
Marta Antunes de Oliveira de Moura
Miriam Lúcia Herrera Masotti Dusi

Produção Editorial:
Rosiane Dias Rodrigues

Revisão:
Jorge Leite

Capa, Projeto Gráfico e Diagramação:
Rones José Silvano de Lima – www.bookebooks.com.br

Normalização Técnica:
Biblioteca de Obras Raras e Documentos Patrimoniais do Livro

Esta edição foi impressa pela Lis Gráfica e Editora Ltda., Bonsucesso, SP, com tiragem de 10 mil exemplares, todos em formato fechado de 140x210 mm e com mancha de 100x165 mm. Os papéis utilizados foram o Lux Cream 70 g/m² para o miolo e o cartão Supremo 300 g/m² para a capa. O texto principal foi composto em fonte Zurich Lt BT 11/13,2 e os títulos em Zurich Lt BT 38/45,6. Impresso no Brasil. *Presita en Brazilo*.